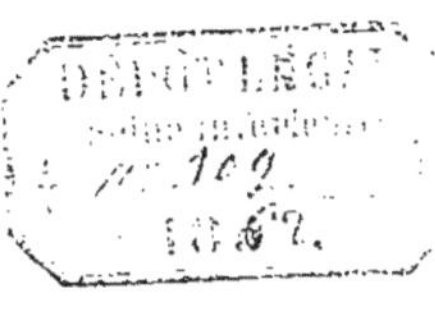

NOTES ET PIÈCES

POUR

MM. MELCHERS ET CIE

NÉGOCIANTS A HONOLULU..

INTIMÉS

CONTRE

M. J. LEVAVASSEUR

NÉGOCIANT - ARMATEUR A ROUEN,

APPELANT

1862

C.

HAVRE, IMP. DE G. CAZAVAN ET Cie.

COUR IMPÉRIALE
DE ROUEN.

—

CHAMBRE.

—

Président.

—

Avocat-général.

NOTES ET PIÈCES

POUR

MM. MELCHERS ET CIE,

NÉGOCIANTS A HONOLULU,

INTIMÉS

CONTRE

M. J. LEVAVASSEUR

NÉGOCIANT-ARMATEUR A ROUEN,

APPELANT

Le navire la *Ville-de-Rennes*, armé pour la pêche de la baleine par M. Levavasseur, partait du port du Havre le 9 octobre 1856 sous le commandement du capitaine Leguedois. Il avait à bord un capitaine de pêche, le sieur Troude, porté comme second sur le rôle d'équipage. Tout indique cependant malgré cette hiérarchie apparente que Troude avait des pouvoirs au moins égaux sinon supérieurs à ceux de Leguedois et qu'en réalité c'était lui qui commandait le navire.

Quoi qu'il en soit, prévoyant que dans une navigation lointaine et périlleuse il aurait besoin sur les lieux de relâche de trouver des ressources pour pourvoir aux dépenses du navire et de l'expédition, M. Levavasseur remit à ses capitaines une lettre collective ainsi conçue :

CONSULAT DE FRANCE   COPIE.
    A HONOLULU.
        —   —

                                      Rouen, le 15 Septembre 1856.
        Messieurs,

La présente est remise à MM. Troude et Leguédois, commandant mon navire *Ville de Rennes*, pour leur servir d'introduction auprès de vous, si par malheur de mer, mauvais temps, manque de vivres ou craintes de guerre, ils croyaient devoir relâcher en votre port. Toutes les dépenses qu'occasionnera sa relâche, tous les services que vous pourrez lui rendre dans les diverses circonstances où il pourra se trouver, seront par moi considérés comme si j'en profitais personnellement à bord de mon navire, et je vous serai très reconnaissant.

S'il est possible de prendre quelques mesures pour la sauvegarde de ma propriété, si vous croyez même qu'il soit utile que le navire séjourne en votre port, en vous concertant avec les capitaines Troude et Leguédois pour cet objet et autres, vous pouvez être certains de mon empressement à faire honneur à toutes les traites que vous fournira MM. Troude et Leguédois, en payement des dépenses du navire et de son séjour.

Si vous préférez que le capitaine dispose sur Paris ou sur Londres, il est autorisé à tirer sur MM. V, Lyon Allemand et fils, rue Montmorency, n° 13, à Paris, ou sur MM. N.-M. Rothschild et fils à Londres.

Attendant de vous, Messieurs, les services que je me trouverais heureux de vous rendre en pareilles circonstances, je vous prie d'agréer, Messieurs, mes sincères salutations.

                              Signé : J. LEVAVASSEUR.

        MM. Mauger frères, à Cherbourg.
        Jose Cerrero, à Valparaiso.
             etc.   etc.
        Et à toutes les maisons de premier ordre.

Vu par nous, consul de France à Honolulu, pour copie conforme à l'original.

Honolulu, le 28 Février 1859.

                              EM. PERRIN.

Dans une première relâche à Honolulu, au mois de novembre 1857, le capitaine Troude, faisant usage de la lettre de crédit de M. Levavasseur, obtint pour les besoins de son navire, de MM. Melchers et Cᵉ, une avance de 11,196 fr. pour laquelle il leur remit une traite de pareille somme sur son armateur. Cette traite fut acceptee et payée par M. Levavasseur, sans qu'il lui vint alors à la pensée de contester les pouvoirs du capitaine qui l'avait signée.

Cette traite est ainsi conçue :

Honolulu, le 2 novembre 1857.   B. P. Fr. 11,136.

A quinze jours de vue de cette seconde de change, la première et troisième des mêmes teneur et date n'étant point payées, veuillez payer à Messieurs Melchers et Cᵉ ou ordre la somme de onze mille cent quatre-vingt-seize francs, pour valeur reçue en fournitures nécessaires dans ce port pour le navire baleinier français *Ville-de-Rennes*, que je commande, avec la condition expresse, néanmoins, qu'elle n'invalidera ni affaiblira le recours ou droit de procéder contre lesdits navire et cargaison, pour le montant et frais de cette traite, dans le cas où elle ne serait pas dûment acceptée et honorée.

Respectueusement,

A Monsieur   Votre serviteur,

JACQUES LEVAVASSEUR,   J.-B. TROUDE,

A Rouen, payable à Paris.   Capitaine de pêche de la *Ville-de-Rennes.*

Honolulu, le 2 novembre 1857.

Monsieur,

Sous cette date, j'ai tiré sur vous à quinze jours de vue pour la somme de onze mille cent quatre-vingt-seize francs, en faveur de MM. Melchers et Cᵉ ou ordre, étant pour valeur reçue dans ce port pour fournitures nécessaires à la *Ville-de-Rennes*, baleinier sous mes ordres. La présente traite est néanmoins tirée sous l'expresse condition entendue qu'elle n'invalidera ni affaiblira le recours ou droit de procéder contre lesdits navire et cargaison pour le montant et les frais de ladite traite, à défaut de non-acceptation et payement.

Il vous plaira donc de l'honorer et d'en charger le compte du susdit baleinier *Ville-de-Rennes*, avec ou sans avis préalable.

Respectueusement,

A Monsieur   Votre serviteur,

JACQUES LEVAVASSEUR,   J.-B. TROUDE,

Rouen.   Capitaine de pêche de la *Ville-de-Rennes.*

— 6 —

Le capitaine annonçait à son armateur l'envoi de cette traite par une lettre du même jour, 2 novembre 1857, où on lit :

J.-B. Troude à M. Jacques Levavasseur, à Rouen.

Honolulu, le 2 Novembre 1857.

Je me suis adressé ici à la maison Melchers et Cᵉ, lesquels m'ont fourni toute assistance et *m'ont* avancé tous les vivres et le matériel comme l'argent comptant dont j'avais besoin. J'ai donc à vous informer que *je* viens de tirer sur vous, payable à Paris, en faveur desdits Melchers et Cᵉ, une traite de 11,196 fr., à quinze jours de vue, que vous aurez la complaisance d'honorer et de la charger au compte du navire *Ville-de-Rennes. J'ai toutes les pièces regardant mes dépenses* ICI A BORD, ET J'EN COMPTERAI A VOUS à mon retour. MM. Melchers vous enverront une copie de MON compte avec eux.

J.-B. Troude.

M. Levavasseur lui répond, sous la date du 27 janvier 1858 : « J'ai accueilli » favorablement votre nouvelle traite de 11,196, ordre Melchers et Cᵉ, pour » solde du compte qu'ils m'ont remis. »

Et le même jour il écrivit à MM Melchers et Cᵉ eux-mêmes, la lettre suivante :

M. J. Levavasseur à MM. Melchers et Cᵉ.

Rouen, 27 Janvier 1858.

J'ai bien reçu votre honorée du *9 novembre 1857*, qui m'informe que le capitaine Troude, de mon baleinier la *Ville-de-Rennes*, s'est adressé à votre maison.

Vous me remettez le compte de ses dépenses, pour lequel *le susdit capitaine a fourni sur moi une traite pour solde de 11,196 fr., à 15 jours de vue ;* cette *traite m'a été présentée*, et je l'ai accueillie favorablement. Le début de la campagne de mon navire n'est pas heureux ; il est bien à désirer *que le capitaine* soit plus favorisé dans sa nouvelle croisière, *et si mon navire revient à Honolulu, je compte sur vos bons soins pour que toute l'économie désirable soit apportée dans les dépenses,* qui me paraissent bien élevées, d'après l'état que vous m'avez remis.

Inclus lettre pour le capitaine Troude, s'il revient dans votre port.

Par procuration de J. Levavasseur ;

Signé : L. Brard.

Au mois de mars 1858, le capitaine Troude, entré en relâche dans le port de Hong-Kong, se fit faire, par la maison Vaucher, de cette place, des avances s'élevant à la somme de 24,666 fr. qu'il leur régla en deux traites fournies sur son armateur, et signées comme la traite tirée d'Honolulu par le capitaine Troude seul.

Ces traites furent refusées à l'acceptation par M. Levavasseur, mais par l'unique motif qu'elles n'étaient pas accompagnées des pièces justificatives de l'emploi des sommes empruntées aux besoins du navire : la preuve en résulte de ses lettres à MM. Vaucher.

Le 26 août 1858 , M. J. Levavasseur adresse à MM. Vaucher la lettre suivante :

Rouen, le 26 Août 1858.

J'ai été favorisé de votre lettre du 21 courant, et je m'empresse de vous répondre que j'ai laissé protester les traites faites sur moi PAR LE CAPITAINE TROUDE, parce qu'elles n'étaient pas accompagnées de pièces justificatives que la dépense avait été faite pour les besoins de mon navire.

Antérieurement, le capitaine avait tiré sur moi ; mais, comme d'usage, les consignataires avaient eu le soin de m'envoyer les pièces qui *constataient la nécessité* des dépenses, et je n'ai pas hésité à payer ; je regrette, Messieurs, que votre maison n'ait pas cru devoir faire ce qui a toujours lieu en pareille circonstance.

Recevez, etc.

Signé : J. LEVAVASSEUR.

M. Levavasseur à MM. F. de C..., au Havre.

Rouen, le 10 Novembre 1858.

En effet, la lettre de crédit de la *Ville-de-Rennes* m'oblige à acquitter les traites qui auront pour cause les avances *régulièrement faites* dans son intérêt ; que MM. Vaucher me justifient que telles sont les causes des traites qu'ils me présentent. Qu'ils sont bien dans les termes de la lettre qui leur a été remise, je payerai, cela va sans dire ; tant qu'ils ne me feront pas cette justification, je me crois en droit de refuser tout payement, en présence surtout de l'énormité des avances qui auraient été faites.

Il est toujours sans doute désagréable d'avoir à plaider ; mais réduit aux justifications que je demande, notre débat n'aura, je l'espère, aucun caractère de gravité, ni pour ces Messieurs, ni pour moi ; et encore me flatté-je que, sans en venir à cette extrémité, ils préféreront attendre, comme je le leur ai proposé, l'arrivée du navire, ou, si cela leur est possible, me produire amiablement les documents qui me mettront à même d'apprécier le mérite de leur réclamation.

Je vous prie de recevoir, etc.

Signé : J. LEVAVASSEUR.

Ainsi jusque-là M. Levavasseur ne conteste pas les pouvoirs du capitaine Troude, et si les traites eussent été accompagnées des pièces justificatives des dépenses, il n'aurait pas hésité à les accepter.

Il est vrai qu'assigné par MM. Vaucher frères, M. Levavasseur a imaginé, pour le besoin de sa cause, d'équivoquer sur la position des noms de ses deux capitaines dans une copie par lui produite de sa lettre de crédit qui n'est pas conforme à la copie certifiée par le consul français à Honolulu, ce qui autorise à supposer qu'elle n'est pas conforme à l'original.

Quoi qu'il en soit, ce procès est aujourd'hui terminé, et, si nous sommes bien informés, terminé à l'avantage de MM. Vaucher frères, qni ont enfin reçu de M. Levavasseur le remboursement des avances qu'ils ayaient faites pour son compte.

Cependant la *Ville-de-Rennes* poursuivait son expédition. Sortie du port d'Honolulu à la fin de l'année 1857, elle y rentrait une année après, au mois de novembre 1858, à la suite d'une campagne de pêche à peu près infructueuse, et gravement avariée par les glaces qu'elle avait traversées. En outre, la mésintelligence régnait entre les deux capitaines. A la suite d'une enquête faite par le consul de France, le capitaine Leguedois fut débarqué. Inutile d'entrer dans les détails de cette enquête ; il suffira de faire connaître à la Cour le certificat du consul constatant le fait et la date de ce débarquement. Ce certificat est ainsi conçu :

Je soussigné, consul de France à Honolulu, certifie que M. Leguédois, capitaine du navire baleinier français la *Ville-de-Rennes*, mentionné conjointement avec le capitaine Troude, dans la lettre dont copie précède, m'a, par lettre en date du 4 décembre 1858, demander d'autoriser son débarquement de la *Ville-de-Rennes*, pour cause de maladie, et m'a présenté à l'appui de ladite demande un certificat du docteur Hillebrand ; que droit ayant été fait par moi à sa requête, le capitaine Troude est resté à dater du 4 décembre 1858, seul capitaine du navire susmentionné.

En foi de quoi j'ai délivré le présent certificat pour servir et valoir ce que de raison.

Honolulu, le 28 février 1859.

EM. PERRIN.

Le capitaine Troude, devenu, à partir de cette date du 4 décembre 1858, seul capitaine et seul maître à bord de la *Ville-de-Rennes*, après avoir fait régulièrement constater l'importance des avaries et des réparations à faire, fit procéder à ces réparations. Il avait, en outre, à pourvoir au ravitaillement de son navire, à son équipement pour une nouvelle campagne dont les bénéfices devaient couvrir les dépenses antérieures. Pour pourvoir à tous ces frais, MM. Melchers et Cᵉ firent au capitaine Troude des avances qui ne s'élevaient pas à moins de 81,260 fr. 67, pour lesquelles MM. Melchers et Cᵉ reçurent du capitaine Troude six traites sur M. Levavasseur, toutes conçues dans les mêmes termes que celles déjà fournies sur lui par son capitaine à l'ordre de MM. Melchers et Cᵉ le 2 novembre 1857, avec cette seule différence que le sieur Troude, devenu capitaine par la retraite du sieur Leguedois, ne signe plus capitaine de pêche, mais capitaine de la *Ville-de-Rennes*.

Ces traites furent toutes protestées faute d'acceptation et de payement par M. Levavasseur, qui, alors en procès avec la maison Vaucher, de Hong-Kong, n'hésita pas à opposer cette fois à MM. Melchers et Cᵉ les mêmes objections qu'il avait fait valoir contre MM. Vaucher. Voici, en effet, ce qu'à la date du 10 juin 1859 M. Levavasseur écrivait à MM. Melchers et Cᵉ :

COPIE.

Rouen, le 10 Juin 1859.

Messieurs Melchers et Cᵉ, à Brême.

J'ai bien reçu votre lettre du 4 courant.

Voici la copie de la lettre que j'ai eu l'honneur d'adresser à votre maison d'Honolulu :

« Je viens de recevoir votre honorée du 12 mars écoulé, me remettant compte des » dépenses qui auraient été faites pour mon navire la *Ville-de-Rennes*, et presque simul-

» tanément on a présenté à mon acceptation des traites d'ensemble fr. 81,260 67, créées
» à votre profit par le capitaine Troude.

» Ces dépenses excessives me paraissant avoir été faites en dehors de mes instructions,
» peut-être même en dehors des besoins de mon navire , et dans tous les cas avec une
» irrégularité flagrante, je me borne à vous exprimer mes regrets de ne pouvoir, quant
» à présent, ni ratifier ces dépenses, ni accepter les traites auxquelles elles ont donné
» lieu.

» Les conseils que j'ai pris à cet égard, conformes d'ailleurs à mes appréciations per-
» sonnelles, me permettent de penser que cette réserve de ma part est tout à fait dans
» mon droit et commandée d'ailleurs par la plus simple prudence. Si comme je n'en doute
» pas, le capitaine vous a communiqué ma lettre d'instructions , vous serez vous-mêmes
» de cet avis.

» Je n'ai autorisé de dépenses que celles qui seraient approuvées par le concours
» simultané du capitaine Léguédois et du sieur Troude. Troude n'a point été chargé
» par moi de la conduite du navire , mais seulement de la direction de la pêche.

» Déjà j'ai refusé des traites de Troude tirées dans des circonstances analogues, et la
» *justice* m'a donné raison. Pour des dépenses assez restreintes et qui m'ont d'ailleurs
» paru justifiées, j'ai bien pu, une première fois, y regarder de moins près vis-à-vis de
» vous , mais cette condescendance de ma part n'est ni une modification dans mes
» instructions, ni une renonciation à mon droit.

» C'est sans doute parce que vous l'avez compris que vous avez fait consigner dans les
» traites mêmes qui m'ont été présentées, une réserve tant contre le navire que contre
» son chargement, réserve contre laquelle je me borne à protester. »

Malgré les graves conséquences qui peuvent, me dites vous, résulter de mon refus, et
dont vous me donnez l'énumération, je persiste dans ma détermination, car je reste
convaincu que le bon droit est de mon côté, en présence de l'énormité des dépenses faites
en dehors de toute raison et contre tous les usages.

Agréez, Messieurs, mes sincères salutations.

Signé : J. LEVAVASSEUR.

Mais, à la date du 8 novembre 1859, la *Ville-de-Rennes* revenait à Honolulu
avec les produits de sa pêche, et MM. Melchers et Cᵉ, instruits de l'accueil fait
à leurs traites, se disposaient à saisir navire et cargaison, lorsque à la prière du
capitaine, et avec l'intervention du consul, les parties passèrent, dans les
bureaux de la chancellerie, les conventions suivantes :

CONSULAT DE FRANCE
A HONOLULU.
—
Extrait du Registre
des Actes et Contrats.
—
CONTRAT DE GAGE.
—
J. B. TROUDE, capi-
taine du baleinier
français
Ville-de-Rennes,
à
MM. MELCHERS et Cᵉ.
—
25 Novembre 1859.

Par-devant nous, C. de Varigny, chancelier du Consulat de France à Honolulu, et en présence de MM. Gilles, Alphonse-Armand, capitaine du baleinier français le *Gustave*, âgé de 48 ans, et Homont, Victorin, capitaine du baleinier français *Espadon*, âgé de 41 ans,

Sont comparus M. Troude, Jean-Baptiste, capitaine du navire baleinier français *Ville-de-Rennes*, du port du Havre, armé par M. J. Levavasseur, propriétaire dudit navire, et MM. G. Melchers et G. Reiners, associés dans la maison de commerce représentée sous la raison sociale de Melchers et Cᵉ, à Honolulu.

Lesquels, préalablement à la convention qui va suivre, ont exposé les faits suivans :

Le capitaine Troude, autorisé à tirer sur ledit M. Levavasseur, aux termes d'une lettre de crédit remise aux sieurs Troude et Leguédois, par ledit M. Levavasseur, et en date du 15 septembre 1856, a émis à la date du 26 février 1859, au profit de MM. Melchers et Cᵉ, de Honolulu, et en remboursement de frais de réparations et avancés au navire *Ville-de-Rennes*, des traites sur M. J. Levavasseur, propriétaire dudit navire, pour une somme totale de *quatre-vingt-un mille deux cent soixante francs soixante-sept centimes*. Lesdites traites ont été retournées protestées à défaut de payement, à MM. Melchers et Cᵉ, lesquels, par suite dudit protêt, se trouvaient autorisés à saisir et faire vendre, à fin de remboursement, ledit navire *Ville-de-Rennes*, lors de son retour dans le port de Honolulu, lequel retour effectué le 8 Novembre 1859, plaçait le navire sous le coup de la juridiction territoriale. Le résultat prévu de ladite saisie et de ladite vente entraînait une perte considérable, tant pour l'armateur que pour les porteurs de traites, vu la différence notable des prix à attendre de la vente susdite à Honolulu ou au Havre. Des propositions d'arrangement à l'amiable faites par Melchers et Cᵉ, et d'une discussion à fin de règlement arrêté de compte entre eux et le capitaine Troude, est résultée, aux termes de la lettre de MM. Melchers et Cᵉ, en date du 19 Novembre 1859, l'offre par eux de limiter à *cent quinze mille six cent soixante-quatre francs* le montant de leurs prétentions, et à ne mettre aucun obstacle au retour du navire *Ville-de-Rennes* dans le port du Havre, à la condition que ledit capitaine Troude, à ce autorisé par ordonnance consulaire, leur remît, conformément à l'article 234 du Code de Commerce, en gage de leur créance, le corps et la quille du navire baleinier français *Ville-de-Rennes*, ensemble le chargement d'huile de baleine et de fanons qui s'y trouve, s'élevant à environ *six cent vingt barils* d'huile et *six mille cinq cents livres* de fanons. Autorisé à ce faire par ordonnance de M. le consul de France à Honolulu, en date du 24 Novembre 1859, M. Troude, en la qualité sus-énoncée, et MM. G. Melchers et G. Reiners sus-désignés, ont fait et arrêté la convention suivante :

Le sieur Troude, capitaine du baleinier français *Ville-de-Rennes*, voulant assurer le payement à MM. Melchers et Cᵉ, négocians à Honolulu, de la somme de *cent quinze mille six cents soixante-quatre francs*, représentant le capital et les intérêts avec commission de rechange et accessoires, des traites émises par ledit sieur Troude à l'ordre de MM. Melchers et Cᵉ, en date du 26 février 1859, sur M. J. Levavasseur, armateur et propriétaire du navire baleinier français *Ville-de-Rennes*, lesdites traites émises en remboursement de frais de réparations et avances audit navire *Ville-de-Rennes*, remet par les présentes en gage et par forme de nantissement, conformément à l'article 234 du Code de Commerce, et avec la pleine approbation des principaux de son équipage et MM. G. Melchers et G. Reiners, qui acceptent, le corps et la quille du baleinier français *Ville-de-Rennes*, ensemble le chargement d'huiles et fanons de baleine qui s'y trouve, s'élevant à environ *six cents vingt barils d'huile et six mille cinq cents livres de fanons*, appartenant à M. J. Levavasseur, négociant et armateur, et propriétaire dudit navire et de son chargement.

Lesdits objets remis en nantissement sont affectés par privilége spécial au payement de la somme ci-dessus énoncée, sans intérêts ni accessoires. En considération du gage à eux accordé et du payement entre les mains de leur fondé de pouvoirs au Havre de la somme de *cent quinze mille six cents soixante quatre francs*, ci-dessus stipulée, à titre de forfait définitif, MM. Melchers et Ce s'engagent à laisser partir au premier jour la *Ville-de-Rennes* et son chargement, et à ne pas réclamer l'intervention de la juridiction territoriale. En considération de pareil engagement, le sieur Troude s'oblige à son tour à ramener le navire et son chargement au port du Havre, par la voie la plus prompte et sans autre relâche que celle qui serait justifiée par un cas de force majeure dûment constaté, et à remettre ledit navire et chargement, à son arrivée, entre les mains de qui de droit, pour qu'il soit procédé, en faveur de MM. Melchers et Ce, au payement de la somme de *cent quinze mille six cents soixante quatre francs*, ci-dessus stipulée.

Dont acte fait et passé en chancellerie, le 25 novembre 1859, en présence de MM. Homont et Gilles, témoins à ce requis, qui ont signé avec nous et les parties, après lecture.

Signé : J.-B. TROUDE.

G. MELCHERS. }
G. REINERS. } MELCHERS ET Ce.

A. GILLES.
V. HOMONT.

C. DE VARIGNY.

Certifié textuellement conforme à l'acte original, enregistré au Registre des Actes et Contrats de la chancellerie du consulat de France, sur le troisième feuillet recto et verso et sur le recto du quatrieme feuillet, par nous, soussigné, chancelier du consulat de France à Honolulu.

Honolulu, le 28 novembre 1859.

C. DE VARIGNY.

Vu par nous, consul de France à Honolulu, pour légalisation de la signature de M. C. de Varigny, chancelier de ce consulat, apposée ci-dessus.

Honolulu, le 28 novembre 1859.

Le consul de France ;

Em. Perrin.

Sous la garantie de cette convention, la *Ville-de-Rennes* quitta Honolulu. Mais elle devait subir encore de nouvelles fortunes de mer. Entrée en relâche à Talcahuano (Chili), elle y fut condamnée et vendue comme innavigable le 10 avril 1860. Son chargement, transbordé sur l'*Helen-Wilson*, puis sur le *Cubana*, fut enfin amené au Havre par ce dernier navire, et remis aux mains d'un séquestre judiciaire.

Après des instances inutilement tentées auprès de M. Levavasseur pour en obtenir le payement de leurs avances, MM. Melchers et Cᵉ se virent contraints de l'assigner devant le tribunal de commerce du Havre, par exploit du 9 octobre 1860, en payement de la somme de 115,664 fr., montant du compte arrêté entre eux et le capitaine Troude dans l'acte du 25 novembre 1859. Dans cette somme figure, outre les frais de retour des traites protestées, une somme de 7,230 fr., à laquelle les parties évaluaient les primes de l'assurance mise par la convention à la charge du débiteur.

Cette demande a été accueillie par jugement du tribunal de commerce du Havre du 21 octobre 1861, qui a statué en ces termes :

JUGEMENT.

Attendu qu'avant de statuer sur l'action intentée par Melchers et Cᵉ à J. Levavasseur, il est indispensable de rappeler les faits qui ont amené les parties devant le tribunal ;

Attendu que le 9 octobre 1856, J. Levavasseur expédia du Havre pour la pêche de la baleine, le navire la *Ville-de-Rennes*, sous le commandement de Leguédois, ayant pour second et pour capitaine de pêche le sieur Troude, tous deux portés en cette qualité sur le rôle d'équipage et auxquels il remit une lettre de crédit, destinée à pourvoir aux besoins qui pourraient se manifester dans le cours d'une opération soumise à tant d'éventualités, et dont la durée ne pouvait être exactement appréciée ;

Attendu qu'après deux pêches successives et insignifiantes, la *Ville-de-Rennes* relâcha pour la seconde fois à Honolulu , où le capitaine Leguédois s'étant fait débarquer pour cause de maladie , fut remplacé dans son commandement , sur ordonnance du consul de France , par Troude ; que celui-ci résolut alors de tenter les chances d'une troisième campagne , qui ne pouvait toutefois s'entreprendre qu'après avoir réparé le navire fatigué par le long séjour qu'il venait de faire à la mer, et dont les provisions étaient épuisées ;

Qu'en conséquence , il s'adressa à Melchers et Cᵉ, qui consentirent à lui avancer les fonds nécessaires , et , qu'après des expertises régulières, il fut procédé aux réparations dont le chiffre s'éleva à 81,260 fr. 67, dont ceux-ci furent couverts par six traites fournies par Troude sur Levavasseur, qui refusa de les accueillir et qui furent retournées à Honolulu , où le capitaine , de retour de sa dernière campagne , affecta le 25 novembre , par acte passé devant le consul , le navire et le chargement à la garantie de la créance Melchers et Cᵉ, s'élevant alors avec les intérêts, les frais de protêts , le rechange et la prime d'assurance, à 115,664 fr., dont ils demandent aujourd'hui le payement à J. Levavasseur ;

Qu'enfin le navire la *Ville-de-Rennes* mit à la voile pour revenir en France le 11 décembre 1859 ; mais qu'il fut forcé de relâcher à Talcahuano , où il fut condamné , et son chargement dirigé sur le Havre, où il fut séquestré ;

Attendu que J. Levavasseur repousse l'action dirigée contre lui, en prétendant :

1° Que Troude , devenu capitaine de la *Ville-de-Rennes* , par suite de la retraite de Leguédois , n'avait d'autre mandat que celui de ramener le navire en France ; que, par conséquent, il ne pouvait procéder comme il l'a fait , à des réparations considérables, et bien moins encore faire une troisième saison de pêche ;

2° Que Melchers et Cᵉ n'étaient point autorisés , par la lettre de crédit, à se prêter aux vues particulières de Troude , qui n'avait ni droit ni qualité pour tirer sur son armateur ;

3° Enfin, qu'alors même que celui-ci serait tenu à un titre quelconque des obligations contractées par Troude dans les conditions où s'est trouvé le navire au moment de l'émission des traites montant à 81,260 fr. 67, celui-ci, en affectant le navire et son chargement au payement du compte de 115,664 fr., a fait novation à la créance de Melchers et Cᵉ, qui ont ainsi fait confiance à la chose et non à la personne ;

Attendu qu'il est constant, en fait, qu'aucun ordre, aucune instruction ne prescrivaient à Troude de revenir en France dans le cas où Leguédois cesserait , pour une cause quelconque, de commander le navire ; que cet argument, d'ailleurs , complétement inopposable aux tiers et qui ne s'était pas même présenté à la pensée de Levavasseur, lors du protêt des 81,260 fr. 67, ne peut donc être sérieusement invoqué par lui ;

Qu'il ne s'agit pas , en effet, dans l'espèce, d'un capitaine décédé en mer et remplacé par son second, dont les fonctions toutes provisoires et de circonstance, cessent naturellement à l'arrivée du navire au port de destination ;

Qu'il s'agit d'un baleinier, la *Ville-de-Rennes*, entré en relâche à Honolulu, où Leguédois s'étant démis volontairement de ses fonctions dans les mains du consul de France, ce magistrat chargé de représenter à l'étranger l'autorité française et de veiller aux intérêts absents, procéda à une enquête et usant des pouvoirs qui lui étaient attribués, nomma Troude capitaine du navire ; qu'il est évident dès lors que celui-ci s'est trouvé investi de ce commandement au même titre que s'il l'eût reçu des mains de J. Levavasseur lui-même ;

Attendu que le capitaine légalement substitué exerce les mêmes droits et contracte les mêmes obligations que le capitaine institué ;

Attendu qu'il n'existe aucun rapport ni aucune analogie entre l'expédition d'un navire destiné à la pêche de la baleine, et celle d'un navire chargé de porter des marchandises sur un point déterminé pour revenir ensuite à son port d'armement avec un chargement de retour ;

Que celle-ci réglée à l'avance par les instructions de l'armateur, par les obligations prises par le capitaine envers les chargeurs, par la route qui lui est tracée et dont il ne doit pas s'écarter, peut jusqu'à un certain point être appréciée dans sa durée comme dans ses résultats ;

Que la première, au contraire, complètement soumise aux chances du hasard et de l'inconnu, n'est, pour ainsi dire, limitée que par les succès qu'elle obtient ; que le capitaine qui la commande, affranchi de toute espèce de règle quant à la route à suivre, maître absolu de sa direction, guidé par son expérience ou si l'on veut par son instinct, est seul juge du point de savoir quelles mers il doit parcourir, et à moins d'ordres formels et positifs, quel terme il doit mettre à l'opération qu'il dirige ;

Qu'il suit de là, que si Troude dont les deux premières pêches avaient été frappées de stérilité et dont la dernière avait reçu l'approbation de Levavasseur, a eu le droit d'en tenter une troisième, il a eu incontestablement celui de mettre son navire en état de l'entreprendre, c'est-à-dire de procéder aux approvisionnements et aux réparations dont il avait besoin ;

En droit :

Attendu qu'aux termes de l'article 234 du Code de Commerce, le capitaine, pendant le cours du voyage, représente le propriétaire pour tout ce qui est relatif au navire et au chargement ; qu'en conséquence, les actes qu'il consent, les emprunts qu'il contracte pour les nécesités de la navigation, obligent le propriétaire conformément aux articles 1998 du Code Napoléon et 216 du Code de Commerce ;

Que c'est ainsi que la Cour de cassation a constamment fixé la véritable et saine apterprétation de l'article 234 ; qu'elle résulte clairement, d'ailleurs, de l'article 236 qui exige que le capitaine qui a, sans nécessité, pris de l'argent sur le corps, avitaillement et équipement du navire, soit responsable envers l'armement et personnellement tenu du remboursement, ce qui prouve jusqu'à l'évidence, d'une part, que le propriétaire doit d'abord, sauf son recours contre le capitaine, désintéresser les tiers envers lesquels il est engagé par celui-ci, investi par la loi du mandat légal de le représenter, et, de l'autre, que le prêteur n'a à se préoccuper ni de l'emploi qui a pû être fait de ses fonds, ni des formalités prescrites par l'article 234, formalités qui lui sont étrangères, si ce n'est paur établir son privilége, mais qui, en ce qui concerne le capitaine, n'ont d'autre but que de mettre celui-ci à même de justifier de la nécessité de l'emprunt ;

Attendu que l'emprunt, objet de la difficulté, a été contracté, par le capitaine mandataire de l'armateur, pour opérer des réparations qui, en profitant au navire, ont, par le fait, profité à son propriétaire ;

Que ni le mode ni les conditions de l'emprunt ne sont imposés par la loi ; que c'est au capitaine à choisir celui qui lui sera le plus avantageux ; que Levavasseur est d'autant moins fondé à contester les tirages de Troude, que non-seulement il les avait autorisés par la lettre du 15 décembre, mais qu'il avait payé sans difficulté une traite de 11,196 fr. tirée sur lui par ce capitaine, alors cependant que Leguédois commandait encore la *Ville-de-Rennes* ;

Attendu que les avances faites pour les besoins de ce navire trouvaient leur sécurité et leur garantie dans le droit attribué par la loi au capitaine d'engager son armateur, droit qui, loin d'être limité, était au contraire confirmé par la lettre de crédit dans laquelle Melchers et Cᵉ puisaient une confiance d'autant plus grande qu'elle avait pour effet et pour but de les rassurer sur l'exercice du droit d'abandon auquel Levavasseur renonçait ainsi de la manière la plus formelle ;

Attendu que celui-ci ne peut s'en prendre qu'à lui si la créance qui était à souscrire de 81,260 fr. 67, s'est élevée à la somme de 115,664 fr., aujourd'hui réclamée ; que c'est là le résultat de son refus de payement des traites, de leur retour à Honolulu avec protêts, intérêts, rechange et prime d'assurances, compris d'ailleurs, comme tous les autres frais, dans l'acte qui seul a rendu à Troude la disposition de son navire ;

Attendu qu'on ne saurait sérieusement prétendre que dans la position où les avait placés le refus de Levavasseur, Melchers et Cᵉ devaient laisser exposé aux chances et aux périls de la navigation le gage sur lequel reposait leur créance ; que l'assurance qu'ils ont ainsi été forcés de souscrire par le fait de leur débiteur, était au reste autorisée par l'acte du 25 novembre, qui, loin de constituer l'abandon de leur droit, a eu au contraire pour but de le faire reconnaître et consacrer ; qu'il suffit de se reporter aux termes si formels de cette convention pour y reconnaître tous les caractères constitutifs du nantissement ; or la remise d'un nantissement aux mains du créancier n'a jamais pu avoir pour effet de libérer le débiteur, le gage, en effet, n'existant que comme accessoire de la créance et n'étant aux mains du créancier qu'un simple dépôt dont il ne peut disposer, même à défaut de payement, qu'en observant les formalités prescrites par l'article 2078 du Code Napoléon ;

Attendu, enfin, que Melchers et Cᵉ ont offert à l'audience de transporter à Levavasseur, contre le payement des 115,664 fr. réclamés, la police d'assurance qu'ils ont fait souscrire à Brême, le 21 février 1860 ;

Attendu que les demandeurs ne peuvent prétendre qu'au remboursement pur et simple de ce qu'ils ont eux-mêmes payé ;

Que la prime de 7,230 fr. portée dans leur compte général paraît exagérée ;

Par ces motifs,

Le Tribunal, statuant en premier ressort, donne acte à Melchers et Cᵉ de l'obligation qu'ils prennent de transporter à J. Levavasseur la police d'assurance qu'ils ont fait souscrire sur les corps et facultés du navire la *Ville-de-Rennes*, et, à charge par eux de l'éxécuter, condamne celui-ci par corps et bien à leur payer :

1° La somme de 108,434 fr. montant de leur compte de dépenses, déduction faite de la somme de 7,230 fr. ci-dessus ;

2° La prime réelle, sur la justification que Melchers et Cᵉ devront en faire, et, dans le cas où les parties ne pourraient s'entendre sur ce chef, continue l'affaire à tous jours ;

Condamne, enfin, J. Levavasseur aux intérêts de droit et aux dépens ;

Ordonne l'exécution provisoire du présent, nonobstant appel et à la charge de fournir caution.

C'est de ce jugement que M. Levavasseur a interjeté appel, à la date du 13 décembre 1861.

Ce jugement, en accordant à MM. Melchers et Cᵉ le montant des traites tirées à leur ordre et du compte de retour desdites traites, renvoie les parties à se régler sur le montant des primes d'assurances, dont le chiffre n'a pas alors paru suffisamment justifié au tribunal. MM. Melchers ont fait à cet égard à MM. Levavasseur des justifications prouvant qu'ils avaient payé pour primes d'assurances non pas seulement 7,230 fr. qu'ils avaient porté d'abord par évaluation, mais bien 12,404 fr. 15 qu'ils ont réellement déboursés. Ils sont revenus sur ce chef réservé par le jugement suscopié devant le tribunal de commerce du Havre, et M Levavasseur n'ayant pas conclu a été condamné par défaut au payement de ladite somme par jugement du même tribunal, en date du 23 décembre 1861. Ce jugement a été frappé d'opposition par M. Levavasseur, à la date du 23 janvier 1862, et l'instance est encore aujourd'hui pendante devant le tribunal.

La Cour n'est donc pas saisie, quant à présent, de cette partie du litige, et n'a à statuer que sur l'appel formé par M. Levavasseur au jugement du 13 décembre 1861.

Les considérants de ce jugement répondent d'une manière si complète et si satisfaisante aux objections présentées en première instance par M. Levavasseur, que les intimés n'ont rien à y ajouter, quant à présent, se réservant de répondre aux moyens nouveaux qui pourraient être présentés par l'appelant.

Havre, le 20 mars 1862.

Me **OUIZILLE**, Avocat.

Me **HUBERT**, Avoué.